BEI GRIN MACHT SICH IHR WISSEN BEZAHLT

- Wir veröffentlichen Ihre Hausarbeit, Bachelor- und Masterarbeit

- Ihr eigenes eBook und Buch - weltweit in allen wichtigen Shops

- Verdienen Sie an jedem Verkauf

Jetzt bei www.GRIN.com hochladen und kostenlos publizieren

Bibliografische Information der Deutschen Nationalbibliothek:

Die Deutsche Bibliothek verzeichnet diese Publikation in der Deutschen Nationalbibliografie; detaillierte bibliografische Daten sind im Internet über http://dnb.d-nb.de/ abrufbar.

Dieses Werk sowie alle darin enthaltenen einzelnen Beiträge und Abbildungen sind urheberrechtlich geschützt. Jede Verwertung, die nicht ausdrücklich vom Urheberrechtsschutz zugelassen ist, bedarf der vorherigen Zustimmung des Verlages. Das gilt insbesondere für Vervielfältigungen, Bearbeitungen, Übersetzungen, Mikroverfilmungen, Auswertungen durch Datenbanken und für die Einspeicherung und Verarbeitung in elektronische Systeme. Alle Rechte, auch die des auszugsweisen Nachdrucks, der fotomechanischen Wiedergabe (einschließlich Mikrokopie) sowie der Auswertung durch Datenbanken oder ähnliche Einrichtungen, vorbehalten.

Impressum:

Copyright © 2016 GRIN Verlag
Druck und Bindung: Books on Demand GmbH, Norderstedt Germany
ISBN: 9783668844360

Dieses Buch bei GRIN:

https://www.grin.com/document/450887

Nadia Casanova Stua

Kompetenzerwerb im Betrieb anhand von Social Software

Auf dem Weg zur Eroberung der innerbetrieblichen Kommunikation durch Enterprise 2.0

GRIN Verlag

GRIN - Your knowledge has value

Der GRIN Verlag publiziert seit 1998 wissenschaftliche Arbeiten von Studenten, Hochschullehrern und anderen Akademikern als eBook und gedrucktes Buch. Die Verlagswebsite www.grin.com ist die ideale Plattform zur Veröffentlichung von Hausarbeiten, Abschlussarbeiten, wissenschaftlichen Aufsätzen, Dissertationen und Fachbüchern.

Besuchen Sie uns im Internet:

http://www.grin.com/

http://www.facebook.com/grincom

http://www.twitter.com/grin_com

Hausarbeit zum Modul 5

Kompetenzerwerb im Betrieb anhand von Social Software – auf dem Weg zur Eroberung der innerbetrieblichen Kommunikation durch Enterprise 2.0

Sommersemester 2016

angefertigt im
Sommersemester 2016

MA Bildung und Medien - eEducation

Modul 5 – Berufliches Lernen als Anwendungsfeld digitaler Medien

an der FernUniversität in Hagen

von

Nadia Casanova Stua

Inhalt

1 Einleitung und Fragestellung 2
2 Kompetenzerwerb im Betrieb anhand von Social Software - Begriffserklärungen 4
   2.1 Social Software 5
   2.2 Web 2.0 6
   2.3 Enterprise 2.0 oder Social Business 7
3 Qualifikationen und Kompetenzerwerb mit Enterprise 2.0 8
   3.1 Allgemeine Definitionen 8
      3.1.1 Qualifikation 8
      3.1.2 Kompetenz 8
      3.1.3 Wissen und Wissensmanagement 9
   3.2 Steigerung und Möglichkeiten der Kompetenzen im Betrieb durch Social Software/ Social Business 10
   3.3 (Erfolgs-)Faktoren bei der Implementierung 11
   3.4 Chancen von Social Software innerhalb eines Betriebes 13

1 EINLEITUNG UND FRAGESTELLUNG

In den letzten Jahrhunderten haben sich die Verbreitung und der Umgang mit Wissen enorm entwickelt. Von der Erfindung des Buchdrucks durch Gutenberg bis hin zu den neuen Social-Software-Systemen, die den Nutzern im Web 2.0 den Zugang zu Wissen rasch und kostengünstig ermöglichen, ist viel passiert (Komus & Wauch, 2008, S.2). Ein permanenter Wandel der Umwelt, sowie die Globalisierung und die erhöhte Verfügbarkeit von Informationen und Wissen, aber auch die Wissensexplosion bei gleichzeitig ständig sinkender Halbwertzeit von Wissen und der steigende Einsatz von Informations- und Kommunikationstechnologie erfordern in Unternehmen einen kontinuierlichen Handlungsbedarf (Gerhards & Trauner, 2007, S. 7). Seit geraumer Zeit ist Social Media ein wesentlicher Bestandteil der externen Kommunikation vieler Unternehmen. Ähnlich wie vor 20 Jahren eine E-Mail eine neue Kommunikationsform darstellte, dienen auch Social Media in erster Linie dem Wissensaustausch und der Kommunikation, nicht nur für das Marketing, sondern auch für andere Abteilungen im Unternehmen, denn überall geht es um die Vernetzung von Menschen mit Menschen (Heymann-Reder, 2011, S. 18). Enterprise 2.0 ist ein Überbegriff für den Einzug der sozialen Medien in die interne Kommunikation (vgl. online Publikation des socialmedia-institute, 2013). Viele Unternehmen hinken aber in Bezug auf Web 2.0 noch hinterher, die neuen Konzepte für die Verbesserung der Zusammenarbeit und der Unternehmenskommunikation einzusetzen. Vielfach werden E-Mails oder Telefonkonferenzen als primäre Kommunikationsinstrumente in Betrieben eingesetzt, obwohl die Potenziale digitaler Medien im Lehren und Lernen und im Betrieb laut Gerhard Zimmer sehr vielseitig sind: neben Orts- und Zeitflexibilität bieten sie auch eine Diversität von Lern- und Lehrhandlungen, sowie eine Vielfalt von Lernressourcen und steigern die Autonomie des Lernens. Es entstehen neue soziale Kontexte und Kooperationsformen, die unter anderem auch das Präsentieren und Diskutieren der Lernergebnisse erleichtern (Zimmer, 2016, S.10f.). Als sozialer Prozess ist Lernen von zwischenmenschlichen Beziehungen geprägt. Richard Light stellte in einer Studie fest, dass die Leistungen der Studenten dann besonders hoch sind, wenn diese von Semesterbeginn an in Teams auf ein gemeinsames Ziel hinarbeiten. Sie profitieren einerseits von ihren unterschiedlichen Hintergründen und Begabungen und entwickeln andererseits durch den sozialen Austausch in der Gruppe mehr Motivation und Engagement (Dräger & Müller-Eiselt, 2015, S. 96f). Diese Faktoren sind natürlich in allen Bereichen zwischenmenschlicher Aktion gültig, so auch in einem Unternehmen. Die positiven

Aspekte des sozialen Lernens, aber auch die verschiedenen Risiken, die mit Social Media einhergehen, werden in dieser Arbeit aufgegriffen. Die begriffliche Differenzierung zwischen Web 2.0 und Social Software bzw. Social Media ist allgemein recht schwierig. Daher werden in dieser Arbeit die Termini nur kurz umrissen.

Digitale Bildungsangebote und Social Software ermöglichen kooperatives und kollaboratives Lernen und Arbeiten und eröffnen neue soziale Kontexte. In Betrieben wird diese Software für die Steigerung der Kooperation zwischen den Mitarbeitern sowie des Auf- und Ausbaus unternehmensbezogener Netzwerke eingesetzt (Gouthier & Hippner, 2008, S. 92). Erste Zeichen für die Adoption von Social Software in Unternehmen waren unternehmensinterne Weblogs und Wikis, die als zusätzliche Möglichkeit der Kommunikation ohne große Formalismen eingeführt wurden, wobei Social Software gegenüber anderen Werkzeugen zur Kommunikationsunterstützung bessere Möglichkeiten bietet, implizites Wissen und Best Practices unternehmensweit verfügbar zu machen (Koch & Richter, 2009, S.15).

In einem Unternehmen gelten Produktion, Akquisition und Nutzung von relevantem Wissen als entscheidende Wettbewerbsfaktoren. Wird das Wissen qualifizierter Mitarbeiter jedoch nicht kommuniziert und genutzt, so gehen enorme Potentiale verloren (Bullinger, Wörner & Prieto, 1998, Einleitung). Gründe, warum die Mehrzahl der Unternehmen weniger als die Hälfte ihres zur Verfügung stehenden Wissens nutzt, sind zum einen fehlende Methoden für die Aufbereitung von individuellem Expertenwissen, sowie zum anderen fehlende Plattformen, die einen zielorientierten Wissensaustausch unterstützen. Ein zielgerichtetes und effizientes Wissensmanagement ist in einem Betrieb daher unumgänglich. Ein ganzheitliches Wissensmanagement besteht aus Informations- und Kommunikationstechnologien, sowie eines gut durchdachten Wissensmanagement-Szenarios zum Aufbau von Methoden zur Wissensakquisition, -aufbereitung, -speicherung und –übermittlung sowie Integration des Wissensmanagements in das Unternehmen (ebd.).

Nach einigen Begriffsdefinitionen wird die Notwendigkeit des Einsatzes von Wissensmanagementmodellen zur Steigerung der Kompetenz im Betrieb anhand von Social Software in dieser Arbeit theoretisch fundiert und durchleuchtet. Zudem werden die Steigerung und die Möglichkeiten der Kompetenzen im Betrieb durch Social Software, sowie die Vor- und Nachteile und die Zukunftsperspektiven von Enterprise 2.0 analysiert. Mithilfe eines konkreten Beispiels des Enterprise Social

Networking, der Anwendung „tibbr", werden die theoretisch gesammelten Argumente in einem vierten Teil versucht zu untermauern.

Diese Arbeit verfolgt folgende Forschungsfragen:

- ✓ Was sind die Vor- und Nachteile von Enterprise 2.0 in Bezug auf die innerbetriebliche Kommunikation am konkreten Beispiel der Anwendung „tibbr"?
- ✓ Wo lässt sich eine Steigerung diverser Kompetenzen mithilfe dieser Software nachverfolgen?
  - o Welche Kompetenzen werden gesteigert?

2 Kompetenzerwerb im Betrieb anhand von Social Software - Begriffserklärungen

In einem Betrieb sind die Aneignung bzw. die Förderung und Ausdehnung bestimmter Grundkompetenzen unumgänglich und gehören zu den wesentlichen Aufgaben einer Organisation. Dehnbostel, Elsholz und Gillen definieren individuelle Kompetenzen als „Fähigkeiten, Methoden, Wissen, Einstellungen und Werte" einer Person, die als lebenslanger Prozess entwickelt und ausgebaut werden (2007, S.16). Mayo hat in den sog. Hawthorne Experimenten 1924-1932 bewiesen, dass die inneren Einflüsse aus der informalen Organisation wesentlich bedeutsamer sind als die äußeren Einflüsse auf die Arbeitsbedingungen. Diese Experimente gelten als der Ursprung des Human-Relation-Ansatzes. Der Mensch wird nun nicht mehr nur als Maschine angesehen, sondern als soziales Wesen, das nach eigenen Gesetzen funktioniert. Die informalen Beziehungen in der Gruppe rücken nun wesentlich in den Vordergrund und führen zur Integration von Individuum und Organisation (Komus & Wauch, 2008, S.90f.). Im Übergang von der Industrie- zur Wissensgesellschaft nimmt das Lernen am Arbeitsplatz einen immer höher werdenden Stellenwert ein. Entgrenzungen von Lernorten und Lernformen sowie die Favorisierung konstruktivistischer Lernorientierungen werten Arbeit als Lern- und Bildungsmedium auf (Dehnbostel, 2003, S.1). Enterprise 2.0 oder auch Social Software wird in Unternehmen eingesetzt, um die Zusammenarbeit zwischen den Mitarbeitern zu verbessern bzw. die menschliche Interaktion zu unterstützen. Wissen (im Sinne von Problemlösungskompetenz) sollte nicht in Dokumente externalisiert werden, sondern mithilfe von Kommunikation, Vernetzung und Zusammenarbeit zwischen den Mitarbeitern ausgetauscht werden. Genau das versucht Social Software (Koch & Richter, 2009, S.11).

2.1 Social Software

Unter „Social Software" versteht man allgemein Anwendungen, die menschliche Interaktion unterstützen und dazu größtenteils neue Technologien und Konzepte nützen (ebd.). Obwohl der Begriff „Social Software" erst seit 2002 als Schlagwort für verschiedene Anwendungen auftaucht, stellt Peter Hoschka bereits 1998 „The Social Web" und den Computer als „soziales Medium" vor. Michael Koch strukturiert das breite Spektrum von Social Software Anwendungen nach drei Funktionalitätsdimensionen (vgl. Abb.1):

- ✓ Informationsmanagement: Ermöglichung des Findens, Bewertens und Verwaltens von Information.
- ✓ Identitäts- und Netzwerkmanagement: Ermöglichung der Darstellung von Aspekten seiner selbst im Internet sowie das Knüpfen und Pflegen von Kontakten.
- ✓ Interaktion und Kommunikation: Direkte und indirekte Kommunikation zwischen den Benutzern.

Dieser Struktur gegenüber gibt es laut Koch noch verschiedene Anwendungsklassen, wie etwa Weblogs, Wikis, Social Networking Services, Dienste zum Social Tagging und zum Instant Messaging. Zudem kann Social Software noch anhand der Möglichkeiten, welche die Anwendungen bereitstellen, charakterisiert werden, die McAfee im Wort SLATES (search, links, authoring, tags, extensions, signals) zusammenfasst (vgl. Online Publikation Enterprise 2.0, 2008). Koch und Richter nennen folgende Charakteristika von Social Software, die zu den SLATES Charakteristika passen:

- ✓ Beiträge so einfach wie möglich selbst veröffentlichen oder Inhalte editieren können.
- ✓ Durch Tagging einfach strukturierende Metadaten beitragen können.
- ✓ Durch Annotations- und Verlinkungsmöglichkeiten einfach zusätzliche Inhalte und Metadaten bereitstellen können.
- ✓ Durch Abonnierungsmöglichkeiten einfach auf neu Inhalte aufmerksam gemacht werden können.
- ✓ Beigetragene Inhalte einfach auffindbar machen.
- ✓ Modularer, dienstorientierter und datenzentrierter Aufbau der Anwendungen (2009, S. 14).

Abbildung 1: Social Software Dreieck nach Koch und Richter (Koch; Richter, 2007) in Anlehnung an Schmidt (Schmidt, 2006)

2.2 Web 2.0

Im Web 2.0 ist der Benutzer nicht mehr nur Konsument des World Wide Web, sondern wird selbst zum Gestalter, indem er Inhalte bereitstellt (ebd., S.1). Im Rahmen der Planungen zu einer Konferenz des Verlages O'Reilly Media und des Konferenzveranstalters MediaLive entstand im Jahr 2004 der Begriff Web 2.0 im Zusammenhang der zahlreichen Entwicklungen des WWW. Tim O'Reilly definierte in einem Artikel „What is Web 2.0" das Web 2.0 mit folgenden Eigenschaften:

- ✓ Services statt Software im Paket: Web 2.0 Anwendungen sind über einfache Programmierschnittstellen ansprechbar und damit von einzelnen Geräten und Betriebssystemen unabhängig.
- ✓ Mischbare Datenquellen und Datentransformationen: Die aggregierbaren Daten müssen mit anderen Quellen kombiniert werden können.
- ✓ Eine Architektur der Beteiligung: Aus Nutzern werden Entwickler, Betreiber von Websites oder Autoren, die online aktiv sind (ebd., S.3).

Im Vordergrund des Web 2.0 stehen allgemeine Prinzipien und Entwicklungen, die durch neue Technologien unterstützt werden. Im Unterschied zum Web 1.0 beteiligt sich nun ein großer Anteil der Benutzer aktiv am Geschehen ohne Zwänge von Organisationen, Prozessen oder bestimmten Plattformen. Das Web 2.0 stellt also eine Kombination aus neuen Techniken, größerer Modularität und neuen Anwendungstypen, welche als Services wie Wikis auftreten, einer Orientierung hin zu den Bedürfnissen der einzelnen Benutzer und einer sozialen Bewegung (breite Mitwirkung und Selbstdarstellung der Endbenutzer) dar (ebd., S. 4). Das Resultat sind soziale Netzwerke im Internet, in denen Informationen und Inhalte zwischen den einzelnen Nutzern ausgetauscht werden. Wie man Social Software im

Unternehmenskontext einsetzen und damit die Zusammenarbeit der Mitarbeiter unterstützen kann, hat Andrew McAfee in seinem Artikel „Enterprise 2.0: The Dawn of Emergent Collaboration" im Jahr 2006 festgehalten. Damit hat er den Begriff „Enterprise 2.0" geprägt (ebd., S.15).

2.3 Enterprise 2.0 oder Social Business

Gesellschaftliche Unternehmen verfolgen eine gesellschafts-politische Mission: im Unterschied zu klassischen Unternehmen wollen sie einen sozialen Mehrwert schaffen, den gesellschaftlichen Nutzen maximieren und dadurch innovative Lösungen für existierende soziale oder ökologische Probleme finden. Dieses gesellschaftliche Unternehmertum ist unter Begrifflichkeiten wie „social entrepreneurship" oder „social business" bekannt (Hackenberg & Empter, 2011, S.11). Während konkretes unternehmerisches Handeln für die Gesellschaft in Deutschland mit Raiffeisen oder Merton bis ins 19. Jh. zurück reicht, haben sich die Strategien dieses Sektors in den letzten Jahren stark verändert (ebd., S. 12). McAfee benennt den Einsatz der Social Software in Unternehmen mit dem Begriff Enterprise 2.0, um im Bereich Web 2.0 auf Plattformen zu fokussieren, die von Unternehmen eingesetzt werden, um die Praktiken und Ergebnisse ihrer Wissensarbeiter sichtbar zu machen (McAfee, 2006a, S.23). Das erste Zeichen für die Adoption von Social Software in Unternehmen waren unternehmensinterne Weblogs und Wikis. Enterprise 2.0 bedeutet die Konzepte des Web 2.0 und von Social Software nachzuvollziehen und zu versuchen, diese auf die Zusammenarbeit in den Unternehmen zu übertragen, wobei die Weiterentwicklung der Unternehmenskultur eine wesentliche Rolle spielt (Koch & Richter, 2009, S. 16). Damit Enterprise 2.0 funktionieren kann, müssen laut McAfee folgenden Anforderungen erfüllt werden: das Schaffen einer offenen Unternehmenskultur, sowie einer Plattform im Internet, auf der die Zusammenarbeit möglich wird, zudem ein Change Management, das auf die Bedürfnisse der Nutzer eingeht und ein Commitment von der Unternehmensführung (ebd., S.15).
Social Software kann die Zusammenarbeit in einem Unternehmen zwar verbessern, aber dazu muss das Unternehmen sich mit seinen Stärken und Schwächen auseinandersetzen und die Einführung von Enterprise 2.0 in den Unternehmenskontext mit kulturellen und organisatorischen Maßnahmen begleiten (ebd., S.16). Welche Qualifikationen und Kompetenzen dabei erworben werden können, wird im nächsten Kapitel untersucht.

3 Qualifikationen und Kompetenzerwerb mit Enterprise 2.0

Damit man besser verstehen kann, ob und wie Qualifikationen und Kompetenzen mit Enterprise 2.0 erworben werden können, werden in den folgenden Abschnitten zunächst einige allgemeine Definitionen erläutert.

3.1 Allgemeine Definitionen

3.1.1 Qualifikation

Das Gabler Wirtschaftslexikon beschreibt Qualifikation als individuelles Arbeitsvermögen, d.h. alle subjektiv-individuellen Fähigkeiten und Kenntnisse, mit denen Anforderungen in bestimmten Arbeitsfunktionen erfüllt werden können. In der Berufs- und Wirtschaftspädagogik hat der Qualifikationsbegriff den klassischen Bildungsbegriff als Rechtfertigungshintergrund für Lehrplan- bzw. Curriculumentscheidungen verdrängt oder zumindest ergänzt, wobei die Curriculumelemente sich auf künftige Lebenssituationen ausrichten (Gabler Wirtschaftslexikon online, Definition Qualifikation). Hoidn stellt fest, dass sich der Qualifikationsbegriff auf fachliche Kenntnisse und Fertigkeiten bezieht und die Verwertungsperspektive sowie die Außensteuerung betont, hingegen der Kompetenzbegriff auf Selbstorganisation und persönliche Weiterentwicklung, also die Erweiterung der Handlungsmöglichkeiten des Subjekts zielt (2009, S.32).

3.1.2 Kompetenz

In der breiten Bildungsdiskussion versteht man unter dem Begriff Kompetenz allgemein die Verbindung von Wissen und Können in der Bewältigung von Handlungsanforderungen. Als kompetent gelten Personen, die auf der Grundlage von Wissen, Fähigkeiten und Fertigkeiten aktuell gefordertes Handeln neu generieren können, wobei vor allem die Bewältigung von Anforderungen und Situationen, die im besonderen Maß ein nicht standardmäßiges Handeln und Problemlösen erfordern, mit dem Kompetenzkonzept verbunden werden (Bundesinstitut für Berufsbildung online, Definition Kompetenzbegriff). Während berufliche Kompetenzen als Fähigkeiten, Fertigkeiten, Wissensbestände und Einstellungen definiert werden, die das umfassende fachliche und soziale Handeln des Einzelnen in einer berufsförmig organisierten Arbeit ermöglichen, werden in der Bildungsforschung Kompetenzen häufig als interne Dispositionen und Repräsentationen von Wissen, Fähigkeiten und Fertigkeiten, die erlern- und vermittelbar sind, definiert (ebd.). Kompetenzen werden in individuelle Kompetenzen, wenn es um die Dispositionen von Individuen geht, und in organisationale Kompetenzen, wenn es um die Organisation und ihre

Rahmenbedingungen geht, unterteilt (Heyse, Erpenbeck & Ortmann, 2010, S.177). Die Bedeutung der individuellen Kompetenzen wird häufig erst sichtbar, wenn ein Mitarbeiter mit langjähriger Erfahrung das Unternehmen verlässt und die Nachfolger die Aufgaben nicht in gleicher Weise erfüllen können (ebd., S. 178). Kompetenzen, sei es nun individuelle oder auch organisationale, sind zentrale Ziele von Lernprozessen, die im Prozess der Arbeit stattfinden. Der betriebliche Bildungsbereich muss also Rahmenbedingungen schaffen, die es den Firmenangehörigen ermöglichen, ihre Kompetenzen möglichst selbstorganisiert zu entwickeln. In der Literatur trifft man immer wieder auf die Konstrukte Kompetenz- und Wissensmanagement. Mildenberger differenziert diese als unterschiedliche Phänomene: Kompetenz als Verknüpfung originärer Potentiale zu Ressourcen höherer Ordnung und Wissen als ursprüngliche Ressource oder Potential (vgl. Abb.2). Eine Kompetenz entsteht dann, wenn der Bestand an Wissen im Unternehmen mit sämtlich anderen Ressourcen des Unternehmens gebündelt werden kann (Mildenberger, 2002, S.294-307).

	Wissensmanagement	Kompetenzmanagement
Ziel-perspektive	• Aufbau/Entwicklung/Erhaltung individueller Wissensbasen der Mitarbeiter und der Organisation	• Aufbau/Entwicklung/Erhaltung einer Kompetenz- bzw. Kernkompetenzbasis
Ontologische Perspektive	• individuell (Mitarbeiter) und kollektiv (Gruppe, Unternehmen) • Information als Basis	• kollektiv (Unternehmen) • Verknüpfung von Ressourcen als Basis
Prozess-perspektive	• Wissensakquisition • Wissensgenerierung • Wissensspeicherung • Wissensdiffusion • Wissenstransfer	• Identifikation/Entwicklung von Verknüpfungspotenzialen zwischen Ressourcen • Identifikation/ Entwicklung von Kernkompetenzen durch den Aufbau und Schutz von Isolationsmechanismen

Abbildung 2: Abgrenzung von Wissens- und Kompetenzmanagement in Anlehnung an Mildenberger (Mildenberger, 2002, S. 304)

3.1.3 Wissen und Wissensmanagement

Probst definiert Wissen als die Gesamtheit der Kenntnisse und Fähigkeiten, die Individuen zur Lösung von Problemen einsetzen, wobei sich Wissen auf Daten und Informationen stützt und von individuellen Erfahrungen geprägt und somit an Personen gebunden ist (Probst et al., 1997, S.44). Man unterscheidet implizites und explizites Wissen. Das implizite Wissen ist das persönliche Wissen einer Person, das explizite Wissen hingegen ist methodisch, systematisch und liegt in artikulierter Form vor. Es ist außerhalb der Köpfe der Personen in Medien gespeichert und kann u.a. mit Mitteln der Informations- und Kommunikationstechnologie aufgenommen, übertragen und gespeichert werden (North & Reinhardt, 2005, S.31).

Wissensmanagement meint die Gesamtheit organisationaler Strategien zur Schaffung einer "intelligenten" Organisation. Mit Blick auf die Personen geht es um das organisationsweite Niveau der Kompetenzen, Ausbildung und Lernfähigkeit der Mitglieder; bezüglich der Organisation um die Schaffung, Nutzung und Entwicklung der kollektiven Intelligenz und Gemeinschaftssinns; hinsichtlich der technologischen Infrastruktur um die Schaffung und effiziente Nutzung der zur Organisation passenden Kommunikations- und Informationsinfrastruktur (Willke, 1998, S.78). Der Begriff des Wissensmanagements wird auf den Kontinenten unterschiedlich interpretiert: in Europa versteht man darunter hauptsächlich das Messen von Wissen, in Amerika das Managen und in Japan das Generieren neuen Wissens (Gerhards & Trauner, 2007, S.11f.). Grundsätzlich geht es jedoch immer darum, die Ressource Wissen wie Kapital oder Arbeit bewusst zu nutzen, um Wettbewerbsvorteile zu realisieren (ebd.).

3.2 Steigerung und Möglichkeiten der Kompetenzen im Betrieb durch Social Software/ Social Business

Mithilfe von Social Software bzw. Social Business verfolgen Unternehmen das Ziel der Effizienzsteigerung durch flexiblere und offenere Arbeitsgestaltung. Die neuen Web 2.0 Technologien ermöglichen einen Austausch von Informationen innerhalb eines Unternehmens über Hierarchien und Netzwerke hinweg (Waltz, 2015, S.2). Laut einer Studie von McKinsey hat Social Software das Potential, die Produktivität des Wissens der Angestellten in einem Unternehmen des 21. Jahrhunderts 20 bis 25% zu steigern (McKinsey, 2012, S.152). Im Jahr 2011 haben 90% der Betriebe, die Social Software verwenden, bestätigt, dass ihr Betrieb davon profitiert (ebd., S.1). Auch Unternehmen, die nicht aus Marketing-Erwägungen für die Bewerbersuche oder aus anderen strategischen Überlegungen im Mitmach-Web aktiv sein wollen, sollten in der Lage sein, über Social Media Plattformen zu kommunizieren, um dem Risiko entgegenzuwirken, dass über das Unternehmen gesprochen wird, aber das Unternehmen nicht mitredet (Back, Gronau & Tochtermann, 2012, S. 117). Zugleich steigt auch die Erwartung vieler Mitarbeiter, dass sie mithilfe von Enterprise 2.0 Werkzeugen auch innerhalb ihres Unternehmens so frei und effizient kommunizieren können, wie sie es bei Facebook und Co. gewohnt sind. Sogar wenn Unternehmen die Nutzung von Social-Media-Technologien verbieten, steigt die Nutzung dieser aus den Unternehmen heraus, weil diese Plattformen exzellent dazu geeignet sind, effektiver zusammenzuarbeiten, sich geschäftlich zu verabreden oder große Dateien auszutauschen. Seit Jahren steigt der Anteil des Datenverkehrs in Unternehmen, den die Kommunikation mit Facebook und Co. verursacht. Angesichts dieser

Entwicklungen sollte das Ausarbeiten einer Social-Media-Strategie in allen Unternehmen eine hohe Priorität haben mit dem Ziel die nötigen technischen Hilfsmittel und organisatorischen Maßnahmen dem veränderten Kommunikationsbedürfnis ihrer Beschäftigten anzupassen (ebd.). Welche Kompetenzen auf welche Weise in einem Unternehmen durch Social Software gesteigert werden können, wird im vierten Kapitel dieser Arbeit anhand des Beispiels für ein soziales Unternehmensnetzwerk „tibbr" analysiert.

3.3 (Erfolgs-)Faktoren bei der Implementierung

Diese Arbeit konzentriert sich auf die interne Vernetzung eines Unternehmens, wobei der schnelle und einfache Austausch von Nachrichten unter den Angestellten nur einen Teilbereich der Firmennetze repräsentiert. Die Vorteile für viele Unternehmen für eine interne Vernetzung sind heute sehr viel größer als die der externen Social-Media-Nutzung. Wissen kann effizienter erschlossen werden und ein kreativer Austausch sowie die Zusammenarbeit können auch über Abteilungsgrenzen hinweg gefördert werden. Intern vernetzte Unternehmen können schneller auf Veränderungen reagieren und sind dabei vor einem rufschädigenden Shitstorm geschützt, dem viele Unternehmen durch Fehler bei ihren externen Social-Media-Aktivitäten häufig ausgesetzt sind (ebd.).

Koch und Richter weisen den Social-Networking-Diensten folgende Grundfunktionen zu: Identitätsmanagement (Darstellung der eigenen Person), Kontaktmanagement (Verwaltung von Kontakten und Pflege des Netzewerks), Expertensuche, Unterstützung von Kontext- und Netzwerk-Awareness sowie die Unterstützung eines gemeinsamen Austauschen (2009, S.69f.). Fragmentierte, situative und (punktuell) aufgabenbezogene Kooperations- und Kollaborationsmodelle halten zunehmend Einzug in den Arbeitsalltag und verändern die gewohnten sozialen Arbeitsumgebungen (Schmidt-Hertha et al., 2011, S.52). Inzwischen existieren zahlreiche Beispiele für die erfolgreiche Implementierung von Social Software in Unternehmen, die sich Anwendungen wie Blogs, Wikis und soziale Netzwerke zu Nutzen machen: bei Shell bspw. nutzen die Mitarbeiter eine Wiki-Anwendung für Wissensmanagement sowie im Bereich Schulung und Ausbildung, um zwischen den Workshops auf dem Laufenden zu bleiben. Opel setzt Podcasts im Kontext der Weiterbildung erfolgreich ein, um Vertriebs- und Servicemitarbeiter mit Hilfe von Podcasts auf den neuesten Wissensstand zu bringen. IBM setzt das soziale Netzwerk XING ein, um Mitarbeiter untereinander und mit ehemaligen Mitarbeitern zu vernetzen. Und zahlreiche Unternehmen wie

Daimler, Frosch, Telekom Austria, Doc Morris, Frosta, Pyback oder T-Systems bieten das Blog als Mittel der Unternehmenskommunikation ein und verbreiten Informationen an Kunden und Partner (Fuchs-Kittowski & Voigt, 2010, S.22). Die Untersuchung von 11 Studien belegte, dass auf organisatorischer Ebene der Einsatz von Web 2.0 und Social Software in Unternehmen innerhalb kleinerer Projektgruppen klar im Vordergrund steht. Mehr als 50% der Web 2.0-Nutzer setzen dieses für die Projektarbeit ein. Der unternehmensweite Einsatz steht mit bis zu 45% an zweiter Stelle. Sowohl der Nutzerkreis von Web 2.0 als auch von Social Networking Plattformen hat sich seit 2007 schnell vergrößert, wobei der unternehmensweite Einsatz bei Unternehmen mit mehr als 500 Mitarbeitern stärker ausgeprägt ist (ebd., S.29). Der Nutzen des Web 2.0- und Social Software-Einsatzes im Unternehmen wird nach den Studien generell in der Wissensarbeit, den Innovationsprozessen und der Zusammenarbeit gesehen, wobei bei der Wissensarbeit die Verbesserung der Suche nach Experten und Ansprechpartnern an erster Stelle steht. Der Austausch von Informationen, das effizientere Nutzen des internen und externen Wissens sowie die interne Kommunikation sollen ebenso die Verbesserung steigern, hier sollen laut den Befragten vor allem bereits bestehende Prozesse verbessert und beschleunigt werden (ebd.).

Interessanterweise liegt laut den Studien bei Social Software Anwendungen und dem Podcasting die geringste Anwendungserfahrung im Mittelstand. Dies könnte am geringen Vernetzungsnutzen der Web 2.0 Anwendungen für den Mittelstand liegen, weil Vernetzung in kleinen Unternehmen häufig noch nicht als Chance wahrgenommen wird. Mittelständische Unternehmen mit Wachstumsambitionen sollten sich frühzeitig mit Social Software für die Bewältigung der Wachstumsfolgen durch nachlassende Effizienz informeller Strukturen wappnen (ebd., S.80). Pfeiffer betont in einem Vortrag des Münchner Kreis, dass Unternehmen, die das volle Potential von Enterprise 2.0 nutzen wollen, nicht umhinkommen, ihre IT-Strategien völlig umzukrempeln. Vor allem für kleine und mittlere Unternehmen würde dies Kostenreduktion und Produktivitätsgewinne, sowie erhöhte Kundenbindung, neuartige Unternehmenskultur oder ein schlankes Wissensmanagement zur Folge haben (Eberspächer & Holtel, 2010, S.76). Generell bedarf es für eine erfolgreiche Implementierung von Social Software in Unternehmen neben einer ausreichenden Partizipation der Nutzer auch einer umfassenden Integration der verwendeten Tools in die Arbeitsprozesse. Worauf geachtet werden muss, damit Social Software tatsächlich den internen Wissensfluss eines Unternehmens verbessern kann, wird im nächsten Abschnitt untersucht.

3.4 Chancen von Social Software innerhalb eines Betriebes

Wie bereits erwähnt, kann Social Software nur erfolgreich in einem Unternehmen implementiert werden, wenn die Mitarbeiter zum Wissensaustausch und zur Anwendung von Wissen bereit sind. Dies ist auch der Schlüssel zum Erfolg des Wissensmanagements. Organisatorische Einflussfaktoren und bereitgestellte Anreize beeinflussen dabei die Bereitschaft zur Mitwirkung am Wissenstransfer (Günther, 2010, Abstract, zitiert nach Spelsiek, 2005). Vielfach verhindert aber die konkrete Situation in Unternehmen den erfolgreichen Wissensaustausch, da z.B. eine von starker Hierarchie und von internem Konkurrenzdenken geprägte Unternehmenskultur einem offenen Gedankenaustausch im Wege steht. Bezüglich des Wissenstransfers mit Social Sofware muss also mit einer gezielten Veränderung der betrieblichen Situation die individuelle Bereitschaft des Wissensaustausches gefördert werden. Günthers Studie zu organisatorischen und motivationalen Erfolgsfaktoren für den Einsatz von Social Software in Unternehmen hat ergeben, dass sich folgende Erfolgsfaktoren in verschiedene Betrachtungsebenen zusammenfassen lassen:

- ✓ Ebene der Organisation mit dem Erfolgsfaktor
    - o Unternehmenskultur
- ✓ Ebene der Gruppe mit den Erfolgsfaktoren
    - o Gruppennormen
    - o Gruppenkohäsion
    - o Rollenverteilung und –wahrnehmung
- ✓ Ebene des Mitarbeiters mit den Faktoren
    - o Fachliche Qualifikation und Fähigkeiten
    - o Anschlussfähigkeit
    - o Pro-soziales Verhalten
    - o Commitment bzw. Identifikation
    - o Selbstwirksamkeit (Günther, 2010, S.37f.)

Worauf geachtet werden muss, damit Social Software tatsächlich den internen Wissensfluss eines Unternehmens verbessern kann?

Literaturverzeichnis

https://books.google.it/books?hl=de&lr=&id=-2D0DOMr_jkC&oi=fnd&pg=PA11&dq=kommunikation+durch+social+media+in+unternehmen&ots=E5TU0s-_7E&sig=jPvbtkIsRiahThtJAuVOUSppB6w#v=onepage&q=kommunikation%20durch%20social%20media%20in%20unternehmen&f=false

https://books.google.de/books?hl=de&lr=&id=EcXnBQAAQBAJ&oi=fnd&pg=PR1&dq=enterprise+2.0&ots=LCu4DQ1FMH&sig=Tn12zw6hc_eeWBZJTAb9KylnqrE#v=onepage&q=enterprise%202.0&f=false

http://link.springer.com/chapter/10.1007/978-3-642-71995-0_2

https://www.bibb.de/de/8570.php

http://wirtschaftslexikon.gabler.de/Definition/qualifikation.html

Probst, G. et al.: Wissen managen: Wie Unternehmen ihre wertvollste Ressource optimal nutzen. Gabler, Wiesbaden 1997

Willke, Helmut: Systemisches Wissensmanagement. Stuttgart: Lucius & Lucius, 1998.

Günther Jochen. Wissensmanagement 2.0
erfolgsfaktoren für das Wissensmanagement mit social softWare

Motivationsorientierte Steuerung des Wissenstransferverhaltens - Modellierung, empirische Analyse und Anreizsystemgestaltung
Autoren: **Spelsiek**, Jan

BEI GRIN MACHT SICH IHR WISSEN BEZAHLT

- Wir veröffentlichen Ihre Hausarbeit, Bachelor- und Masterarbeit

- Ihr eigenes eBook und Buch - weltweit in allen wichtigen Shops

- Verdienen Sie an jedem Verkauf

Jetzt bei www.GRIN.com hochladen und kostenlos publizieren